Couvertures supérieure et inférieure
manquantes

REVUE COLONIALE.

MARS 1852.

RAPPORT

SUR UN VOYAGE D'EXPLORATION DANS L'INTÉRIEUR DE L'AFRIQUE,

Par M. Hecquard, sous-lieutenant de spahis.

Depuis longtemps les désirs du gouvernement, les vœux des géographes et les besoins de développement qu'éprouve le commerce avaient fait chercher une route entre Saint-Louis, Ségou et la partie orientale de l'Afrique encore inconnue des Européens, malgré les nombreuses tentatives qui, à diverses reprises, ont été faites par plusieurs hommes intrépides.

On se souvient à Saint-Louis du double voyage entrepris par M. Anne Raffenel; son insuccès, qu'il faut attribuer aux difficultés insurmontables qu'il a rencontrées dans le Kaarta, n'avait découragé ni le gouvernement, ni les amis de la science et du progrès. M. Auguste Bouët, lieutenant de vaisseau, fit en 1849, une reconnaissance de la rivière de Grand-Bassam, il y découvrit plusieurs choses intéressantes pour la science : se basant sur des renseignements fournis par des naturels et sur certaines probabilités tirées de l'observation de plusieurs faits, il pensa et publia que la rivière d'Akba venait de fort loin dans l'intérieur, qu'elle était même un des bras par lequel le grand fleuve qui arrose l'Afrique centrale se déchargeait dans la mer; cette assertion parut digne d'être vérifiée, il était très-important d'acquérir une certitude à cet égard. Quel avenir en effet pour nos relations commerciales et leur développement que celui offert par la position de l'établissement de Grand-Bassam communiquant directement avec Ségou!

Je fus chargé par M. le gouverneur Baudin et le commandant Bouët-Willaumez de tracer la route soupçonnée plutôt qu'indiquée par M. Auguste Bouët et en même temps de chercher quel était le chemin suivi par les caravanes bambaras que l'on voit fréquemment à nos comptoirs du bas de la côte.

M. le commandant Bouët me conduisit lui-même à Grand-Bassam où nous arrivâmes le 20 novembre 1849. Il traita aussitôt, avec certains guides bambaras qui devaient me diriger sur Ségou par la route indiquée plus haut. Ces hommes influencés sans doute par la présence du commandant Bouët et le souvenir du brillant combat d'Yaou, nous donnèrent les plus magnifiques, mais malheureusement les plus trompeuses espérances ; ils s'engagèrent à me faire traverser, soit en pirogues, soit à pied, la distance qui sépare Grand-Bassam de Ségou ; rien ne fut épargné de leur part : les assurances les plus flatteuses, les promesses les plus favorables. M. le commandant Bouët-Willaumez les croyait soutenus dans leurs résolutions par la perspective d'une large récompense déjà déposée au fort et par la permission sollicitée et obtenue de bâtir, sous la protection de l'établissement français, un village où leurs nationaux devaient s'établir et commercer. J'étais plein d'espoir ; cette illusion qui soutenait mon courage me donnait la force de braver toutes les fatigues, d'affronter tous les périls que je prévoyais et me faisait déjà entrevoir le succès.

Le commandant Bouët-Willaumez se montra envers moi généreux, non-seulement de secours matériels, mais encore de conseils pleins de science et de bienveillance ; il mit à ma disposition les profondes connaissances qu'il a acquises, par un séjour prolongé sur la côte d'Afrique, de la géographie et des mœurs des habitants. Il me donna les instruments nécessaires pour faire des observations astronomiques et m'indiqua surtout une méthode très-ingénieuse dont il est l'inventeur pour prendre la hauteur au moyen d'un bâton ; après quoi il me quitta.

Ce départ changea les dispositions de mes guides, soit que la crainte du châtiment que n'aurait pas manqué de leur infliger le commandant Bouët, une fois dissipée dans une certaine mesure, vint diminuer leur fidélité, soit que dans les inspirations de l'intérêt personnel ils eussent réfléchi que ce voyage dont j'allais être l'auteur et dont ils seraient les intruments devait leur enlever les profits du courtage très-lucratif auquel ils se livrent, en servant d'intermédiaires entre les populations de l'intérieur et celles du littoral ; je remarquai en eux une hésitation que je n'avais pas rencontrée auparavant. Mille prétextes se succédant les uns aux autres amenèrent des retards successifs dans l'entreprise. Les guides faisaient naître incidents sur incidents ; et m'endormant chaque jour, avec l'espoir d'un départ pour le lendemain, je voyais avec douleur surgir un obstacle nouveau. Pour mieux m'entretenir dans mes illusions, ces perfides bambaras, soit parce qu'ils prétendaient avoir des dettes à y recouvrer, soit sous le prétexte d'y chercher leurs captifs sans lesquels ils ne pouvaient partir, me conduisirent de village en village, tantôt sur les bords du lac Ebrié, tantôt sur ceux de la rivière d'Akba, et ce ne fut qu'au commencement de février 1850 qu'ils se déterminèrent à se mettre en route. Le 20 du même mois, nous prîmes passage sur le navire appelé le *Marigot* et, marchant alternativement à la touée et à la voile, nous parvînmes le 23 à un barrage placé à 3 lieues d'Akba. Le navire ne pouvant remonter plus haut à cette époque de l'année, nous franchîmes en embarcation, la distance qui nous séparait de ce village. Le chef nous fit un accueil très-empressé et nous offrit de mettre ses pirogues à notre disposition pour remonter la rivière. Mes guides, sous prétexte de réclamer des dettes à certains individus qui résidaient à Akba, demandèrent à séjourner dans ce lieu jusqu'au lendemain. Je profitai de ce nouveau et bien involontaire retard pour aller visiter Yacassé, grand village situé à quelques heures de marche du point où nous nous trouvions.

Quel fut mon étonnement lorsqu'à mon retour, cherchant mes guides, je ne les retrouvai plus ; ils avaient disparu et je me trouvais ainsi abandonné de ceux aux serments solennels desquels j'avais dû me fier. Ils avaient eu soin cependant de laisser pour m'avertir un vieillard de leur nation incapable d'affronter les fatigues d'une longue route ; il me déclara, en leur nom, qu'ils avaient jugé à propos de renoncer au voyage ; ils craignaient, disaient-ils, que si je venais à succomber aux fatigues du voyage, aux attaques des peuplades sauvages que nous devions rencontrer, ils ne fussent, eux ou leur famille, l'objet de terribles représailles de la part des blancs. Pour éviter mes reproches, mon insistance et mes prières, ils avaient fui pendant mon absence.

Atterré, mais non découragé, j'employai auprès du vieux guide tous les moyens en mon pouvoir pour l'engager à faire seul avec moi le voyage projeté. Menaces, promesses, présents, rien ne pût l'ébranler ; je me vis donc contraint, le désespoir dans le cœur, à revenir en pirogue avec Jacques, mon fidèle compagnon de route, au poste de Grand-Bassam, d'où je pus rallier Gorée pour rendre compte de ma mission à M. le commandant Bouët, et m'entendre avec lui sur les suites ultérieures à lui donner.

M. le commandant Bouët, que je rencontrai en effet à Gorée, m'amena avec lui à Saint-Louis où il fut décidé, d'accord avec M. le gouverneur Baudin, que je reprendrais de suite ma route, le point de départ étant fixé à notre établissement de Sed'hiou (Cazamance). Je devais traverser le Fouta-Djalon, visiter l'almami et lui remettre un cadeau, de là me diriger sur Ségou, porteur d'une lettre du gouverneur pour le roi de ce pays.

Le 1ᵉʳ juin 1850, à 5 heures du soir, le cutter *l'Écureuil* mettait à la voile de Gorée. Le lendemain à deux heures de l'après-midi, nous mouillâmes devant Sainte-Marie-de-Bathurst où je ne devais m'arrêter que pour acheter du gros corail ; j'y fus l'objet de l'accueil le plus gracieux de la part de M. le gouverneur Macdonel ; le 5 juin, je quittai Sainte-Marie. Le calme nous surprit au bas de la rivière et nous ne mîmes en mer qu'avec la brise du soir. Après une navigation de quarante heures, nous jetâmes l'ancre devant l'embouchure de la Cazamance où nous ne pûmes pénétrer que le lendemain 7 juin à huit heures du soir. Arrivé devant Zéguinchor, petit comptoir portugais, nous dûmes y séjourner jusqu'au lendemain pour déposer quelques marchandises.

Le lendemain, à 7 heures 30 minutes du matin, nous continuâmes notre route, sans avoir vu le commandant de ce poste, qui n'était pas encore levé et que personne, nous dit-on, n'osait déranger. Dans un rapport que j'ai eu l'honneur de vous adresser, je vous rendais compte, M. le gouverneur, de ce qu'était aujourd'hui Zéguinchor et de son peu d'importance commerciale.

Le 8 juin, à minuit, nous avions atteint le poste de Sed'hiou, je débarquai le lendemain et m'occupai aussitôt d'organiser mon voyage. Mamadou, ce guide qui devait me conduire avec tant de facilité et de succès dans le Fouta-Djalon, qui m'avait fait de si brillantes promesses en présence de M. le gouverneur, ne connaissait ni la route ni le pays que nous devions traverser. Je fus dans l'obligation de m'en procurer un autre et je fis marché avec un peulh appelé Boubakar.

Le 23 juin, je quittai le poste de Sed'hiou et remontai la Cazamance en pirogue ; notre marche fut contrariée par une tornade et nous ne pûmes arriver que le lendemain à dix heures et demie du matin à Diannah, où je pensais, d'après ce qui m'avait été dit à Sed'hiou, trouver aide et protection chez Ibrahim, chef de ce village. Je trouvai sur le rivage un noir qui m'amenait un cheval, reconnu indispensable pour la route que j'entreprenais ; il me dit que le chef de Diannah m'attendait et que j'agirais sagement en allant immédiatement lui faire une visite. Désireux de presser mon départ, je me mis en route sous les rayons brûlants d'un soleil d'hivernage.

Diannah est situé à environ une demi-lieue du rivage, caché par un bois assez épais ; il ne peut être aperçu des bords du fleuve ; c'est un grand village dont la population s'élève à environ 2,000 âmes, il est mis à l'abri d'un coup de main par une double palissade et un fossé assez large. Je traversai une partie du village pour arriver à la demeure du chef ; je le trouvai assis sous une galerie qui entoure sa case. Après les salutations d'usage, il me serra la main, m'invita à m'asseoir auprès de lui et manda les anciens qui prirent siége autour de nous. Un palabre s'ouvrit immédiatement : je lui dis que le gouverneur du Sénégal m'avait chargé d'une mission auprès de l'almami du Fouta-Djalon ; je lui demandai de protéger mon passage au nom du chef des blancs qui connaissait son influence et son amitié pour les Français. Quand j'eus exposé le but de ma visite, chaque membre de cet espèce de conseil prit la parole à son tour et se crut dans l'obligation de faire un discours plus ou moins long. Ils remercièrent tous le gouverneur et moi de la confiance qui leur était manifestée, mais ils conclurent tous aussi en disant que ma demande leur paraissait grave ; qu'ils allaient en délibérer entre eux et que le soir on me rendrait réponse. Je les quittai, et, pour disposer leur esprit en ma faveur, je leur annonçai que j'étais porteur d'un cadeau pour leur chef.

La conférence avait duré plus de deux heures, je repris le chemin du rivage. Vers quatre heures, le chef suivi des hommes qui avaient été présents le matin au palabre, vint me rendre visite ; je lui offris une pièce de Guinée, du tabac, et un sac de sel ; il me promit son fils pour me servir de guide ; mais ayant remarqué que cet homme avait peu d'influence sur son entourage et que tout chez lui marquait une certaine hésitation, je le priai de fixer de suite le jour où je pourrais continuer ma route. Mes craintes n'étaient que trop fondées, car au lieu de me faire une réponse franche et précise, il m'engagea à prendre patience quelques jours. Je ne voulus pas entrer plus avant dans le système de temporisation que cet homme employait vis-à-vis de moi, je renvoyai au lendemain la fin de notre palabre, me réservant de m'aboucher avec un chef peulh influent qui demeurait dans le voisinage.

Le 16 juin, à sept heures du matin, je me dirigeai sur Kolibentan éloigné par eau de deux heures de Diannah ; j'y arrivai à 9 heures 45 minutes : c'est un charmant village, situé dans une clairière, il a une double enceinte et un fossé de 1 mètre ½ de large. Bakary-Koye, chef de ce village considéré dans le pays comme imprenable, vint au-devant de moi et nous commençâmes un palabre, aussi interminable que le précédent ; je constatai cependant une différence très-sensible entre l'attitude des assistants et celle qu'avaient eue les habitants de Diannah. Ici personne ne parlait sans la permission du chef, celui-ci me promit son assistance, mais voulut, avant de m'en faire ressentir les effets, s'entendre avec le chef de Diannah.

Le 17, nos effets furent débarqués et l'embarcation retourna vers le poste, me laissant ainsi au milieu des noirs, livré à une vie nouvelle, mais soutenu par l'espoir de mener mon entreprise à bonne fin.

Le 19, grand palabre dans lequel intervint le fils de l'almami de Diannah ; l'on m'y promit un guide ; nous devions partir dans deux jours.

J'étais plein d'allégresse, mon voyage s'annonçait sous les auspices les plus favorables ; les fatigues, les dangers, j'étais décidé à tout braver afin de répondre dignement à la confiance dont j'avais été honoré. Un moment suffit pour tout remettre en question. Le 20, arriva un homme de l'intérieur du Fouta-Djalon, il annonça que la guerre existait dans le Cabou ; il avait été arrêté et pillé par des bandes de malfaiteurs. Les craintes de Bakary-Koye s'éveillèrent ; il me communiqua la nouvelle et me déclara qu'il ne pouvait plus me laisser partir, afin de ne pas m'exposer à être assassiné ; qu'il me fallait une escorte pour pénétrer dans le Fouta-Djalon ; que dans un mois on pouvait se la procurer en prévenant l'almami ; qu'il ne voyait que ce moyen pour mettre sa responsabilité à couvert et ma vie en sûreté. Décidé à tout braver, je le priai avec les plus vives instances de me donner un guide, un seul, mais il me refusa et me força ainsi à dépêcher un envoyé à Timbo.

Le 22, en effet, le nommé Amadou partit porteur d'une lettre de Bakary-Koye pour l'almami Oumar; pour moi je mis à profit mon séjour forcé, en visitant le fleuve, en prenant des renseignements sur les populations qui bordent ses rives, sur leurs mœurs et leurs relations politiques et commerciales.

Je résolus de retourner au poste de Sed'hiou et je mis à exécution mon projet en laissant Jacques à Kolibentan, pour y attendre le retour de mon envoyé. Je franchis à pied la distance qui sépare ce village du poste français. Je profitai de ce nouveau séjour à Sed'hiou pour visiter le bas du fleuve et une partie de la rivière Saint-Grégoire. Mon séjour se prolongea jusqu'au 25 juillet, jour auquel je me mis en route pour retourner à Kolibentan. Au moment où j'y arrivai, la nuit était faite; et l'apparence menaçante du ciel m'inspira l'heureuse idée de coucher à bord de la pirogue qui m'avait amené. Cette inspiration m'épargna une désagréable captivité, car dans la nuit même des hommes du Brassou investirent le village dans la pensée de le surprendre, et ils m'auraient infailliblement saisi au passage, si j'avais mis pied à terre. Le lendemain ils s'étaient retirés; mais ils n'étaient pas loin, et, par mesure de précaution, Bakary-Koye me défendit de sortir de l'enceinte.

Le 6 août, un parti du Brassou fit irruption dans un longan dépendant de Kolibentan et y enleva un vieillard; deux enfants qui avaient réussi à se soustraire aux recherches vinrent en toute hâte apporter cette nouvelle; une grande émotion se manifesta de suite, le son du tabala retentit partout, cavaliers et fantassins se mirent vivement à la poursuite de l'ennemi. A quatre heures du soir, on les vit revenir, ils avaient eu un léger engagement, dans lequel un homme avait été blessé; deux prisonniers et le cadavre du malheureux vieillard étaient le fruit de cette expédition. Le vieillard avait été tué par ses ravisseurs parce que son âge ne lui permettait pas de les suivre dans la rapidité qu'ils mettaient dans leur retraite. Le soir même, on procéda à ses funérailles : elles furent suivies d'une espèce de fête pendant laquelle un spectacle horrible me fut donné; je m'aperçus bientôt, en effet, qu'on allait venger sa mort sur les deux prisonniers. Prières, supplications, offre de les racheter tout fut inutile; je fus obligé d'assister, impuissant à l'empêcher, à la mutilation de ces deux hommes. On leur coupa les oreilles et les poignets et après avoir attaché ces tronçons sanglants à leur cou, Bakary-Koye leur dit : allez dire à votre maître que bientôt j'en ferai autant à lui-même ; puis on les chassa du village, un d'eux mourut à la porte de Kolibentan.

Le 12, je m'embarquai dans la chaloupe que m'avait envoyée le commandant, ainsi que nous en étions convenus ; le 13, à neuf heures du matin, nous fûmes assaillis par une violente tornade qui fit chavirer la chaloupe ; le vent soufflait avec tant de violence que nous ne pûmes gagner la terre à la nage, nous dûmes attendre à cheval sur la quille de l'embarcation que la tempête fût un peu apaisée ; la crainte des caïmans dont fourmille la Cazamance me faisait encore hésiter à gagner le bord : cependant après le retour de quelque calme, et après une heure d'une lutte pleine de périls, j'eus le bonheur de toucher terre. Pendant le trajet et au milieu des efforts désespérés par lesquels je cherchais à sauver ma vie, mon pantalon que j'avais attaché sur ma tête, avait été enlevé par une lame : je me trouvai donc sur la rive en chemise, par une pluie battante, séparé par 3 lieues de toute habitation ; j'avoue qu'un certain désespoir s'empara de moi ; il me fallut par un effort de volonté rappeler tout mon courage pour me diriger vers Mankonno. Je fis cette route à travers d'immenses rizières, dans lesquelles mes jambes étaient déchirées et mes pieds meurtris. Arrivé dans ce lieu, j'y trouvai un chalan au moyen duquel nous relevâmes la chaloupe ; mais j'avais fait dans le naufrage des pertes irréparables ; une montre à secondes que m'avait confiée M. le commandant Bouët-Willaumez était remplie d'eau et un de mes thermomètres s'était brisé; j'avais perdu de plus 200 francs. Le lendemain j'arrivai à Sed'hiou en proie à une forte fièvre dont les accès me fatiguèrent beaucoup pendant plusieurs jours : lorsque ma santé se fut un peu améliorée, je réfléchis que la guerre existant entre le Cabou et le Brassou me fermerait encore pendant longtemps la route que j'avais choisie dans le principe. Amadou ne revenait pas, je résolus de me tracer un nouvel itinéraire; deux chemins s'offraient : en traversant la Sénégambie portugaise, je pouvais aller rejoindre à Kadé la route qu'avait suivie Mollien ; d'un autre côté en gagnant Fattatenda, comptoir anglais sur la Gambie, je devais rencontrer les caravanes qui opèrent leur retour dans le Fouta-Djalon. La première route était la plus courte; mais les chemins encore couverts d'eau me forçaient à attendre un mois : par la seconde, j'évitais en les tournant le Brassou et le Cabou inférieur, tout en visitant le Haut-Cabou entièrement inconnu aux Européens ; je me déterminai pour ce dernier parti.

J'eus l'honneur dans ce temps, Monsieur le Gouverneur, de vous adresser un croquis de la Cazamance et quelques notes d'observations sur les peuples qui habitent ses rives. Dans le présent rapport qui doit rester sommaire, tout en cherchant à le rendre aussi complet que possible, je ne puis m'étendre sur les mœurs de ces peuplades et leurs habitudes commerciales ; je me réserve de le faire dans un travail plus étendu, où j'indiquerai les relations nouvelles qui, à mon sens, pourraient être liées avec ce pays.

Je comptais partir le 8 septembre, mais il nous fut impossible de le faire avant le 16, à cause des pluies torrentielles qui tombèrent sans interruption jusqu'à ce jour.

J'avais encore été obligé de changer de guide ; celui qui se présentait était un homme du Fouta-Toro, ancien alcati du poste ; comme tous les autres il me fit les plus magnifiques promesses ; ainsi que tous les autres il ne devait pas les tenir.

Le pays qui sépare Sed'hiou de la Gambie est une vaste plaine, couverte tantôt de forêts impénétrables ou à peu près et tantôt de faros (marais couverts de végétation) dans lesquels la marche est d'une difficulté bien fatigante. Je ne vous ferai pas le détail, Monsieur le Gouverneur, de mon itinéraire par jour, ni des haltes que je dus subir ; je vous dirai seulement que le 22 septembre j'arrivai à Souboundou-Diagara, situé à 4 ou 5 lieues de la Gambie. Ce village est habité par des Peulhs du Fouta-Toro et par des Saracolets des environs de Bakel. Ces derniers, ayant reconnu leur ancien commandant, vinrent m'apporter d'abondantes provisions. Arrivé là, je me décidai à descendre à Albréda pour m'y procurer certaines marchandises dont j'avais le plus grand besoin, et un fusil destiné au roi du Diagara.

Je pus enfin, après de grandes tribulations et bien des sacrifices, franchir la faible distance qui me séparait de notre comptoir d'Albréda. MM. Chenu et Klocker m'honorèrent de leur prévenance et me fournirent tout ce qui me manquait. Je trouvai chez ces Messieurs un repos et des soins dont j'avais le plus grand besoin, car j'avais gagné une forte fièvre en traversant à pied les marigots et les rizières qui séparent Souboundou de la Gambie. J'espérais remonter ce fleuve dans une embarcation que m'auraient prêtée nos compatriotes de Sainte-Marie ; mais ils me refusèrent leur assistance, dans la crainte, disaient-ils, de voir le canot saisi par les Anglais. Je fus contraint de louer une pirogue dans laquelle je remontai à Souboundou. Je comptais en partir le lendemain ; mais, pendant mon absence, le roi du Diagara, ayant appris que j'étais arrivé dans son pays, manifesta le désir de me voir. Je fus contraint, en conséquence, d'aller le visiter, et, ne pouvant me présenter devant lui les mains vides, je crus devoir lui offrir un fusil à deux coups et quelques autres bagatelles. J'en reçus un assez bon accueil, mais il me transmit en même temps une triste nouvelle. Le pays était inondé et, malgré les guides que le roi m'offrait, j'acquis la certitude que je ne pourrais continuer à suivre la route que je m'étais tracée ; je dus encore une fois modifier mon itinéraire et changer ou plutôt me passer de guide ; l'alcati de Sed'hiou ayant trouvé plusieurs de ses parents à Souboundou, simula une maladie et m'engagea à partir, me promettant de me rejoindre à Georges-Town, ce qu'il ne fit pas. Je pris le parti de diriger mes marchandises par eau jusqu'à Domassansan et de gagner ce même point par terre, quoique les chemins fussent à peu près impraticables. J'arrivai à Domassansan le 24 octobre au soir. M. Thomas Laffeuillée, traitant anglais, né à Gorée, se montra d'une générosité et d'un empressement dont je serai reconnaissant toute ma vie ; il se mit entièrement à ma disposition et me fit conduire par eau à Nyaniga, en dirigeant mon cheval par la voie de terre sur le même point. Parti le 28 octobre de Domassansan, j'arrivai après trois jours de navigation à Nyaniga ; j'étais en proie à une violente fièvre. J'eus cependant le lendemain la force de continuer ma route jusqu'à D'Hiendienbouré, petit village de traitants mandingues, où j'arrivai le 2 novembre à trois heures et demie ; ce village est situé en face de l'île Makarty. Le commandant de cet établissement anglais, M. Eaton, ayant appris mon arrivée, m'envoya une embarcation et m'invita à venir loger au fort, invitation que j'acceptai immédiatement ; ce qui me procura, outre un accueil excellent, les douceurs d'un lit à l'européenne. J'y fus de la part du docteur Thompson, l'objet des soins les plus assidus et les plus dévoués. Le 12, guéri de la fièvre, je m'embarquai, quoique faible encore, sur un cotre appartenant à M. Richard-Loyd ; je remontai par ce moyen jusqu'à Fattatenda où j'arrivai le 23 à huit heures du matin, après douze jours d'une navigation bien pénible.

Je trouvai là un traitant anglais, nommé Carum-Dabo, qui poussa la complaisance jusqu'à me conduire à Mané ; je partis donc le 2 décembre de Fattatenda, et le soir même, à trois heures et demie, nous arrivâmes à ce village.

Le 4, à sept heures du matin, je pris congé du traitant Carum-Dabo, qui me souhaita un bon voyage et me recommanda chaudement à mes guides, me donna des conseils sur la conduite la plus favorable à tenir pour gagner le Fouta-Djalon. A huit heures et demie nous arrivâmes sur les bords du marigot de Badari, que nous avions passé l'avant-veille et qui, changeant ici de nom, s'appelle *marigot de Mané* ; il sépare le Kantora où nous entrons du Toumané et va, dit-on, jusque dans le Pakao. A 10 heures 30 minutes du même jour, nous traversâmes Toubinto, grande foulacunda (village de Peulhs ou Foulahs). A partir de ce point, le terrain s'élève en pente douce jusqu'à Serrugia où nous arrivâmes à 12 heures 45 minutes.

Je trouvai là Seuré, l'ami de Carum-Dabo, qui m'avait fait préparer une case. Peu de temps après mon arrivée, Mamadi-Yacoub, chef du village, vint me rendre visite et je fus bien étonné de rencontrer en ce lieu plusieurs hommes du Bondou qui, m'ayant connu à Bakel, m'apportèrent des provisions, sans me demander aucun cadeau, chose bien rare en Afrique.

Carum-Dabo m'avait averti que le Fouta-Djalon était divisé en deux partis, qui, en ce moment, étaient en guerre. Aussi aux questions du chef du village qui voulait savoir chez lequel des deux compétiteurs je comptais me diriger, je répondis toujours que j'allais chez l'Almami de la part du gouverneur, mais que, ne connaissant personne dans le pays, je m'adresserais à celui qui serait, à mon arrivée, en possession de la souveraineté. Ce moyen me réussit et Mamadi-Yacoub me promit de me faire conduire à Timbo.

Le dimanche, 8 décembre, je fis mes préparatifs pour me mettre en route le lendemain. Notre départ eut lieu, en effet, le 9 à huit heures du matin. Seuré, mon hôte et Mamadi-Yacoub, chef de Serrugia, voulurent m'accompagner jusqu'à une foulacunda qui se trouve à deux heures de marche environ de notre point de départ. Nous nous séparâmes là, eux très-satisfaits du présent que je leur avais fait, et moi reconnaissant de leurs procédés pleins de générosité et, je pourrais dire, de délicatesse. Après avoir marché jusqu'à une heure après midi, nous arrivâmes à Orekinguay, grande foulacunda dépendant du chef de Kangaye, où nous passâmes la nuit, après avoir dîné d'un plat de riz que m'apporta une femme qui m'avait connu à Saint-Louis. Je commençai à croire à partir de ce moment que je pourrais gagner Timbo ; mon guide avait des allures franches que je n'avais encore rencontrées chez aucun autre ; nous étions les hôtes de l'Almami, chacun paraissait nous considérer avec respect et le guide lui-même vint me prier de lui garder une assez forte somme d'argent, en me disant qu'elle *était plus en sûreté entre mes mains qu'entre les siennes.* Il faisait froid, le temps était brumeux et à six heures du matin le thermomètre ne marquait que 12° 5 centigrades.

Nous fûmes rejoints en ce lieu, le mardi 10 décembre, par des marchands de Serrugia, nous formions une caravane assez respectable ; nous nous mîmes en route à sept heures du matin, le 11 ; nous éprouvâmes les plus grandes difficultés à traverser un petit cours d'eau dont les bords sont très-escarpés ; il fallut le faire en se traînant sur des troncs d'arbres jetés d'une rive à l'autre, portant nos bagages sur la tête. Pendant cette opération, nous vîmes arriver un musulman envoyé par un marabout très-respecté qui reste à Manato, village habité par des Mandingues musulmans et des Peulhs pasteurs. Nous pensâmes qu'arrivés à proximité de ce village nous devions aller visiter ou plutôt porter un cadeau au marabout qui nous avait prévenus. Après une visite de quelques minutes, nous revînmes vers la caravane que nous trouvâmes arrêtée par un individu se disant fils du roi du Pourada sur les terres duquel nous nous trouvions ; il prétendait qu'un blanc ne devait pas pénétrer dans l'intérieur ; il faisait beaucoup de bruit, mais toutes ces démonstrations n'étaient qu'un prétexte pour nous forcer à payer tribut. Après un long palabre, je fus contraint de lui donner trois pièces de calicot, du tabac et un mouchoir ; puis, ayant repris notre route, nous arrivâmes, à quatre heures et demie, à Outoumba foulacunda où nous devions passer la nuit. Les Peulhs de ce pays sont très-inhospitaliers et nous fûmes obligés d'acheter même le bois et l'eau.

Je cesserai à partir de ce moment, Monsieur le Gouverneur, de raconter jour par jour ma marche vers Timbo ; je me contenterai, afin de vous présenter tout à la fois un rapport succinct et complet, de retracer les circonstances principales de mon voyage et les incidents qui pourront offrir quelqu'intérêt.

Le 14 décembre, j'étais à Kankétéfa (Paquési), résidence d'un roi appelé Mansa-Bakar (Mansa roi), qui me reçut bien en retour de l'éternel cadeau que je fus obligé de lui faire ; comme l'autre, celui-là, au moins, ne me maltraita pas et me donna des provisions de toute espèce, notamment un bœuf et des chapons. Nous quittâmes ce village hospitalier, le 15, et le 17 nous arrivâmes sur les bords du Rio-Grande appelé dans cet endroit Koli par les Peulhs, et Bacabou par les Mandingues. Il coule à l'ouest et a, à l'endroit où nous le joignîmes, plus de 150 mètres de large, et au moins cinq mètres de profondeur au milieu du lit ; courant entre deux rives à pic d'une hauteur de 8 mètres au moins, il est très-rapide ; des arbres magnifiques, parmi lesquels dominent les essences de bentanier, caïlcedra et taba, croissent sur ses bords. Je me mis à regretter, en voyant ce grand fleuve, au moyen duquel on pourrait si facilement exploiter l'immense commerce du Fouta-Djalon, du cabou et des nombreuses peuplades Mandingues qui habitent sur ses bords, qu'un peuple actif ne vînt pas le sillonner et y introduire tout à la fois la civilisation et les produits européens.

Le même jour, à sept heures et demie du soir, nous arrivâmes à Kadé ; encombrés par la suite d'un chef du Fouta-Djalon, nous n'aurions pu y trouver un logement si le chef lui-même, appelé Lao-Boudou, ne nous avait fait préparer une case.

En ce moment mon cœur fut rempli d'espérance et je m'applaudis d'avoir persisté, car j'avais réussi à traverser le Cabou sans être inquiété ; je dois même dire que lorsqu'on y sut que j'étais l'hôte de l'almami Oumar, je fus partout l'objet d'un accueil amical. Quand je vis Lao-Boudou, venant au nom de l'almami percevoir les coutumes du Koli et des pays circonvoisins, je me crus à l'abri sinon de toutes tribulations, au moins de tous dangers. Ma pensée me transportait déjà à Timbo, d'où je m'élançais vers Ségou sous la protection de l'almami.

Quel fut mon désappointement, je dirai presque mon désespoir, lorsque, le 18 au matin, ayant été saluer Lao-Boudou, il me signifia qu'il ne me laisserait pas aller plus loin. Toutefois, je ne crus pas la menace sérieuse, je pensais en être quitte, comme à Manato, pour un cadeau ; j'envoyai en conséquence à ce chef quatre pièces de calicot, du tabac, une filière de petit corail et une d'ambre. Il accepta le tout et je comptais me mettre sous peu d'heures en route, lorsqu'un homme de Lao survint et me dit que son maître, ayant rencontré un blanc, voulait que cet heureux hasard fît sa fortune et entendait recevoir à l'instant même cent gourdes, deux filières de gros ambre, un fusil et une foule d'autres objets de moindre valeur qu'il est inutile de détailler; qu'ensuite il verrait s'il pouvait me laisser passer. Lui donner ce qu'il me demandait, c'était me dépouiller entièrement, consentir à ma propre ruine et m'ôter toute possibilité de continuer mon voyage. Je refusai donc absolument; je lui dis que les marchandises actuellement sous ma garde ne m'appartenaient pas, que j'en étais seulement le dépositaire, que ces objets étant destinés à l'almami Oumar lui étaient envoyés par le gouverneur du Sénégal; que l'almami était instruit depuis longtemps de la nature des objets du présent dont j'étais porteur et que lui, Lao-Boudou, étant du parti d'Oumar devait me protéger et non me rançonner, qu'en résumé, il m'était défendu de disposer de quoi que ce fût. Un grand palabre s'engagea sur mes paroles. Mon guide et Jacques dont le dévouement ne saurait mériter trop d'éloges firent tous leurs efforts pour amener Lao-Boudou à ne pas commettre de violence, action d'autant plus blâmable de sa part, même au point de vue des mœurs locales, que j'étais non-seulement l'hôte de l'almami, mais encore le sien, puisque la veille il m'avait fait donner un logement et des provisions. Pendant ces discours interminables, et traînés à dessein en longueur par Lao-Boudou, la nuit qu'attendait ce misérable survint : alors, il fit semblant de se mettre en colère, proféra les plus horribles menaces et il me signifia que j'eusse à l'instant même à sortir du village et à retourner sur mes pas. Toute discussion se trouvant épuisée, les moyens de conciliation inutiles à tenter, la violence allant être employée, je dus obéir.

Nos marchandises furent réunies et reprenant tristement notre route en arrière, nous allâmes, en attendant le jour, nous établir sous un arbre, à quelques milles du village. Là nous allumâmes un grand feu, et, après avoir organisé une garde, nous nous apprêtions à chercher dans le sommeil un repos bien nécessaire, après une journée d'angoisses, lorsque des coups de feu et le sifflement des balles vinrent nous avertir que nos ennemis n'avaient pas abandonné leur projet et que nous allions être l'objet d'une attaque à main armée. Mes hommes voulaient riposter et repousser par les armes une attaque aussi déloyale, mais je réfléchis que la défense de notre part était précisément le prétexte que cherchaient nos ennemis pour nous massacrer; la nuit leur auraient ensuite servi d'excuse pour échapper à la vengeance que l'almami aurait tirée plus tard de cet odieux guet-apens, comme il le fit par la suite d'une manière terrible sur la personne de Lao-Boudou lui-même. Déterminé par ces idées, je donnai ordre à Jacques d'attendre avec patience l'arrivée des assaillants et de les inviter ensuite à s'approcher; ils le firent et reçurent l'assurance que nous étions prêts à les laisser s'emparer, sans résistance, de tout ce qui leur conviendrait. Aussitôt une partie de la bande saisit les paquets, pendant que l'autre nous tenait en respect, le fusil braqué sur nos personnes. Jacques, qui avait obéi sans être persuadé, ne pouvant assister de sang froid au pillage de nos marchandises, avait saisi, sans rien dire, un tison et allait mettre le feu à un baril contenant 50 kilogrammes de poudre, lorsque je fus assez heureux pour remarquer son attitude. Je n'eus que le temps de m'élancer sur lui et de lui arracher le tison des mains.

Ces voleurs bouleversèrent nos ballots, mais n'y trouvant ni ambre, ni argent, ils pensèrent que nous devions porter sur nous ces valeurs précieuses; ils se mirent aussitôt en devoir de nous fouiller et m'enlevèrent ainsi tout ce que je conservais si précieusement pour les besoins à venir.

Satisfaits de leur expédition, ces hommes se retirèrent enfin. Vous comprendrez facilement, Monsieur le Gouverneur, la nuit affreuse que je dus passer après cette violente agression. La ruine de mes espérances me jeta dans le désespoir; je me voyais arrêté dans ma marche au moment où le succès de mon entreprise me paraissait à peu près certain. Cependant après une nuit d'insomnie et d'alarmes, quelque courage me revint; je pensai, dans le cas où l'on persisterait à me renvoyer, à revenir sur mes pas, à suivre la route du Rio-Nunez, en cherchant de là à gagner Timbo. Je n'eus pas besoin toutefois de prendre ce parti; pendant la nuit un messager de l'almami était arrivé pour Lao-Boudou; craignant alors que cet homme pût communiquer avec nous et recueillir de notre bouche les détails de l'horrible traitement dont nous avions été les victimes, le chef nous fit restituer quelques-unes de nos marchandises, trois filières de petit ambre et autant de corail, et nous donna l'ordre de continuer de suite notre route. Il poussa l'impudence jusqu'à me remettre une lettre, qui, disait-il, contenait le détail de ce qui s'était passé dans la nuit, et dans laquelle il annonçait à l'almami, qu'en me dépouillant, il avait entendu soustraire aux ennemis de son souverain, un bien qui lui était destiné. Mais c'était de sa part un nouveau mensonge, car la lettre, lue aussitôt par mon guide, affirmait que le chef nous avait rencontrés les mains vides, et que, malgré notre misère, il nous avait bien reçus et bien traités.

Nous nous mîmes en marche immédiatement. Après six jours de route, nous couchâmes à Dombia, grand village Tiapy où nous apprîmes qu'Amadi-Ouri, frère de Lao était à peu de distance avec une armée, allant à Manato, grand village du Pourada, pour tirer vengeance d'une insulte qui lui avait été faite l'année précédente à lui et à deux de ses femmes, parentes de l'almami. Surpris par les gens de Manato, ils avaient été absolument dépouillés de leurs vêtements et lui frappé de la manière la plus horrible, ses femmes attachées dans une case et livrées pendant huit jours aux derniers outrages de la part du premier venu.

Le 23 décembre, je fus à Dombia sur le point de périr par les flammes ; quelque malfaiteur, sans doute dans l'espoir de nous voler, mit le feu à la case où nous logions ; mais Jacques qui heureusement ne dormait pas s'aperçut de l'incendie au moment où il commençait, et parvint à l'éteindre aussitôt.

Je tremblais de me voir enlever par Amadi-Ouri le peu de marchandises qui me restait ; mon guide avait résolu de prendre un détour afin d'éviter cette armée et son chef ; nous avions même commencé à mettre le projet à exécution, lorsque je reçus un envoyé d'Amadi-Ouri. Il avait appris ce qui m'était arrivé à Kadé, il en éprouvait du regret, il m'invitait à venir le trouver, à ne rien craindre et me promettait de faire tout au monde pour me protéger. Forcé d'obtempérer à cet ordre, peu rassuré cependant sur les promesses de cet homme, nous dûmes nous mettre en route. Nous rejoignîmes Amadi-Ouri à Kambala, petit village autour duquel son armée était campée. Cette fois nous devions en être quitte pour la peur, car ce chef nous accueillit parfaitement, refusa le petit cadeau que je lui offris, ne voulant pas, me dit-il, me priver du peu de ressources que son frère m'avait laissé. Il me donna au contraire, toutes les provisions nécessaires à ma subsistance et à celle de mes hommes.

Il me dit que si je voulais parvenir jusqu'à l'almami Oumar, je devais changer de route ; le chemin que je suivais devant infailliblement me faire tomber entre les mains du prétendant Ibrahim Seuris, qui, à Labé où il se trouvait, rassemblait une armée pour aller combattre son cousin. Ces paroles et ses protestations me parurent empreintes de vérité, il m'offrit un guide que j'acceptai.

Le 30 décembre, je repris ma route, et quittant, le 1ᵉʳ janvier, tout chemin battu, je me jetai dans les montagnes du Beauvés, pour aller rencontrer la route suivie par les caravanes qui vont du Rio-Nuñez dans l'intérieur ; mais au milieu d'un pays inhabité, les provisions dont nous avait gratifié le généreux Amadi-Ouri furent bientôt épuisées ; nous eûmes alors à souffrir d'un mal plus terrible que tous ceux que nous avions affrontés jusqu'à ce jour : nous fûmes exposés à mourir de faim, et si, à de longs intervalles, nous n'avions pas rencontré quelques gardiens de troupeaux, nous aurions peut-être succombé à ce fléau d'un nouveau genre.

Cependant nous pûmes atteindre la route de Rio-Nuñez ; nous fûmes contraints pour la suivre de traverser le Dolonqui forte rivière qui se jette dans le Rio-Pungo ; cette rivière est celle que Caillé appelle Bengala, dont il a fait un affluent du Dolonqui. Nous continuâmes rapidement notre route, marchant depuis cinq heures du matin jusqu'à six heures du soir ; le 11 janvier nous arrivâmes à Broualtapé ; nous n'étions qu'à cinq jours de marche de Timbo et je comptais me reposer un jour en ce lieu où la végétation luxuriante des orangers et des citronniers nous promettait des rafraîchissements dont nous avions le plus grand besoin ; mais un nouveau désappointement nous y attendait. L'almami Ibrahim, cousin d'Oumar, qui avait suscité une guerre civile contre ce dernier, était à une journée de marche de Broualtapé et s'avançait dans l'intérieur pour livrer bataille à son compétiteur. Le lendemain, il devait dépasser le lieu où nous nous trouvions et s'arrêter à Kébale. Quelques-uns de ses hommes de confiance étaient dans le village où ils cherchaient à recruter des partisans ; ils étaient d'autant plus maîtres du pays que le chef de Broualtapé était parti la nuit même pour rejoindre l'almami Oumar à Timbo. Ils vinrent me demander d'un air peu amical quel était l'almami que j'allais visiter ; comme à Serrugia, je leur répondis que, peu initié à leurs difficultés politiques et ne m'occupant ni d'Oumar ni d'Ibrahim, j'avais mission de m'adresser à celui qui serait le maître après que j'aurais atteint Timbo ; que, puisque le pays était divisé, j'attendrais, dans le lieu où je me trouvais, la fin des hostilités ; mais il était sans doute écrit que je ne pourrais échapper à Ibrahim. En effet, le lendemain, il envoya à Broualtapé un de ses cousins avec un ordre de m'envoyer vers lui mort ou vif. A l'arrivée de ce messager, les anciens du village se réunirent et je fus mandé devant eux.

La veille, ils m'avaient engagé à séjourner dans leur village, me promettant de me défendre contre toute agression; mais, en ce moment, leur disposition était changée; ils avaient hâte, à ce qu'il paraît, de me voir sortir de leur territoire. Les partisans de l'almami Oumar s'étaient cachés ou enfuis à l'approche de l'armée d'Ibrahim; ceux qui étaient présents étaient les partisans de ce dernier et voulaient lui complaire en tout. Ils me dirent qu'Ibrahim serait certainement vainqueur, que je n'avais rien à craindre, et qu'en me rendant auprès de lui, je gagnerais la protection du futur chef du Fouta-Djalon. En présence de l'ordre que me communiqua l'envoyé et des dispositions des chefs de Broualtapé, toute hésitation était inutile; je partis donc le soir même, bien escorté malgré moi, avec mon guide Peulh, laissant Jacques avec mes bagages au lieu que je quittais. J'eus bien de la peine à faire rester Jacques à Broualtapé, il voulait me suivre; et persuadé qu'Ibrahim voulait me faire tuer, il insistait très-énergiquement pour partager mon sort. Ce fut à partir de ce moment que ce fidèle noir, de mon serviteur à gages, qu'il avait été jusqu'alors, devint mon ami, et un ami excellent dont le dévouement né m'a jamais manqué. Je n'ai jamais rencontré et ne rencontrerai jamais un cœur plus dévoué, de plus nobles sentiments et une abnégation de la personne et des intérêts égale à celle qui distingue à un si haut point cet honorable compagnon de mes fatigues et de mes périls. Il eut l'air de se rendre à mes prières; mais le lendemain, à quatre heures du matin, il m'avait rejoint à Diouiria, d'où nous partîmes pour aller le 14 retrouver Ibrahim à Kébale. Je vis ce jour là le prétendant un instant, et le lendemain il m'emmena avec lui à Foucoumba, ville où l'on couronne les almamis et où se tiennent les grandes assemblées politiques. J'étais dans une position assez singulière : je me trouvais de ma personne dans le camp du prétendant, tandis que j'avais Amadou, mon envoyé, auprès de l'almami Oumar. Je réfléchis cependant que ma position, quoique fausse, n'était pas trop mauvaise; en effet, si Ibrahim triomphait, je pouvais me faire un mérite auprès de lui d'être venu le trouver dans son camp, lorsqu'il n'était pas encore maître du pouvoir; si, au contraire, l'almami Oumar était vainqueur, il ne pouvait me faire un grief sérieux d'avoir cédé à la force. Le 18, j'assistai au couronnement d'Ibrahim Seuris;

le lendemain, il partit pour aller aux environs de Timbo livrer bataille à l'almami Oumar. Avant son départ, il eut soin de me dépouiller du peu qui me restait, ne me laissant que mon fusil et mon sabre et le fusil anglais de Jacques, mauvaise arme qu'il trouva trop lourde. Il avait donné des ordres, me dit-il, pour que des vivres me fussent fournis pendant son absence; mais j'ai toujours mis en doute sa sincérité dans cette circonstance, car rien ne me fut apporté. Pendant deux jours je fus contraint de me nourrir de quelques racines de manioc qu'un de mes hommes avait gagnées en travaillant à un champ. Le troisième, exténué, voyant qu'on ne m'apportait rien, je me traînai vers deux heures à la mosquée pour y faire la prière à la manière des musulmans. Mon salam terminé, le vieux tamsir de l'endroit me demanda le nom de mon hôte. Cet honnête marabout s'aperçut aux traits de mon visage que la faim me tourmentait, il m'interrogea à cet égard et je fus contraint de lui avouer que personne ne me nourrissait; il invita alors les croyants, dans une allocation touchante, à fournir ce qui était nécessaire à la subsistance du blanc qui se trouvait l'hôte de tout le Fouta, puisqu'il était celui de l'almami. Ces paroles, écoutées avec respect, produisirent un effet excellent, car jusqu'à l'arrivée de l'almami Oumar, sans être précisément nourris avec abondance, nous n'éprouvâmes plus au moins les atteintes de la faim.

Le vendredi, 24 janvier, l'almami Oumar, après un combat de quelques heures, mit en fuite Ibrahim qui, en s'enfuyant, donna l'ordre à celui qui commandait en son nom à Foucoumba de me mettre à mort; il ne voulait pas que je puisse communiquer à l'almami Oumar, le message du gouverneur. Mon hôte, qui revenait de la bataille et qui avait entendu l'ordre donné par Ibrahim, m'en prévint. Je me trouvai dans la perplexité la plus grande, je ne savais à quelle détermination m'arrêter; l'arrivée subite d'un détachement de cavalerie me fit croire que ma dernière heure était venue; mais heureusement tout allait changer de face, car les cavaliers que je prenais pour mes bourreaux étaient véritablement mes sauveurs. Le chef qui était un des frères de l'almami Oumar se présenta devant moi et me dit que l'almami, ayant appris le traitement dont j'avais été l'objet, l'avait aussitôt après le combat dépêché vers moi pour veiller à ma sûreté; que l'almami viendrait lui-même bientôt à Foucoumba pour y tenir une grande assemblée des chefs de toutes ses provinces.

En effet, l'almami arriva le 5 février, à onze heures et demie du matin ; je sortis du village pour aller à sa rencontre ; aussitôt qu'il m'aperçut il mit pied à terre ; j'en fis autant de mon côté ; il s'approcha vivement de moi, m'aborda d'un air noble et empressé, et, après m'avoir serré la main, il me dit qu'il était heureux de me voir, qu'il connaissait toutes les souffrances que j'avais endurées pour arriver jusqu'à lui et qu'il ferait tous ses efforts pour me les faire oublier. Il remonta ensuite à cheval, me donnant un de ses hommes de confiance pour m'accompagner, et ajoutant qu'il m'indiquerait plus tard l'heure à laquelle il pourrait me recevoir.

J'avais retrouvé dans la suite de l'almami, Amadou Lamine, le Peulh parti de Kolibentan, qui me dit que l'almami était persuadé que j'avais entrepris ce voyage pour lui personnellement, que ce procédé avait d'autant plus flatté son amour-propre que, par un hasard extraordinaire et par une coïncidence singulière, un Français, M. Mollien, avait voyagé dans le Fouta-Djalon sous le règne de son père, et que lorsque la famille rivale d'Oumar avait occupé le trône, des Anglais tels que M. Thompson et autres s'étaient rendus auprès d'elle, de sorte qu'il était passé dans les esprits à l'état de croyance commune que la présence des Français devait être considérée comme un signe de bonheur pour la famille d'Oumar, tandis que les Anglais jouaient le même rôle au profit de ses compétiteurs.

Amadou Lamine m'engagea fortement à ne pas détromper Oumar qui était disposé à m'accorder tout ce que je pourrais lui demander, tandis que, si je lui parlais d'aller à Ségou, le prestige que me donnait ma prétendue mission près de lui disparaissait et je m'exposais à rester à Timbo comme M. Thompson qui y était mort, attendant chaque jour une décision qui, de prétexte en prétexte, n'arrivait jamais. J'entrai dans cet ordre d'idées ; j'avais écrit au commandant de Bakel de m'envoyer quelques marchandises à Timbo ; à leur arrivée, je comptais, après avoir gagné la confiance de l'almami, lui dire qu'une lettre du gouverneur m'enjoignait d'aller à Ségou, et j'espérais obtenir facilement le passage et sa protection pour m'y rendre.

A quatre heures du même jour, un des hommes de l'almami vint me chercher et me conduisit auprès de son maître qui me fit l'accueil le plus gracieux ; il parut excessivement flatté de ce que le gouverneur du Sénégal eût bien voulu me donner une mission auprès de lui ; je lui exprimai mes regrets d'être venu les mains vides ; il me répondit qu'il ne lui manquait rien, puisque Dieu lui avait fait la grâce de voir son ami le Français en bonne santé. Il s'anima beaucoup au récit des mauvais traitements auxquels s'était livré sur ma personne et sur mes marchandises le chef Lao-Boudou ; il jura qu'il saurait venger l'insulte que cet homme avait faite au gouverneur et à lui personnellement, en osant porter la main sur ma personne. Il a su tenir sa promesse, car, à deux mois de là, Lao-Boudou, saisi par ordre de l'almami, jugé, convaincu et condamné à mort eut la tête tranchée, supplice que partagèrent ceux dont il avait suivi les conseils. Sa maison fut rasée ; tous ses biens, tous ses captifs furent confisqués au profit de l'almami.

L'almami resta toujours pour moi ce qu'il s'était montré d'abord, c'est-à-dire bon, généreux et délicat. Peu de temps après je fus atteint d'une dyssenterie mêlée de fièvre qui me fit horriblement souffrir et me cloua sur une natte depuis le 8 février jusqu'au 1er mars. Dans le courant de cette maladie, je manifestai un jour, en présence de l'almami, le désir d'avoir des oranges ; sans rien dire, il poussa la complaisance, jusqu'à envoyer à 20 lieues de là un homme à cheval qui me rapporta une ample provision de ces fruits. Je fus comblé de prévenances de toute espèce et gratifié d'une abondance de provisions qui ne contribuèrent pas peu à rétablir ma santé. L'almami, bravant la coutume qui lui défend de visiter qui que ce soit, m'honora plusieurs fois de ses visites, et chaque jour, durant ma maladie, il envoya trois fois savoir des nouvelles de mon état.

Le 4 mars, ma santé s'était améliorée ; l'almami devait retourner à Timbo, il m'engagea à l'accompagner. Je le suivis, en effet, et, le 9, nous entrâmes dans sa capitale. Là il me donna pour logement une habitation charmante qu'occupent les almamis lorsqu'ils viennent à Timbo avant d'être sacrés.

Le 17 mars, les affaires pour lesquelles l'assemblée avait eu lieu étant terminées, il congédia la nombreuse suite de chefs qui l'avaient accompagné dans sa capitale, et me proposa le même jour de le suivre à Soucoutouro, une de ses maisons de campagne où il se plaît le plus.

Partis à 6 heures 45 minutes du matin nous arrivâmes à onze heures sur les bords du Sénégal appelé par les Peulh *Maïo-Baléio* et *Bafing* par les Mandingues (ces deux mots signifient, dans le langage du pays, Rivière-Noire). Le Sénégal est large en

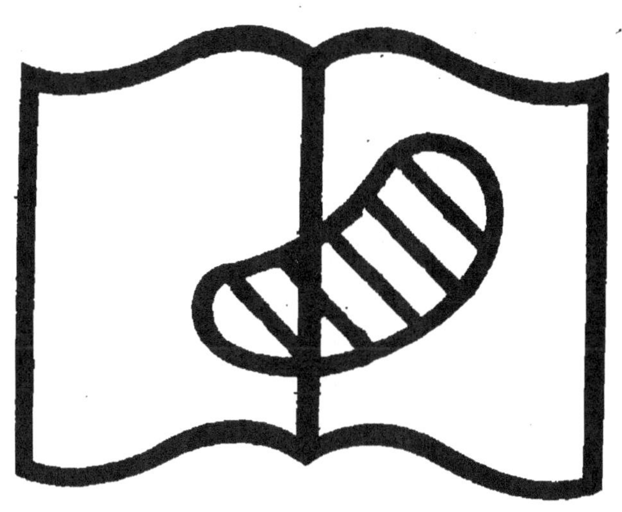

Illisibilité partielle

VALABLE POUR TOUT OU PARTIE DU DOCUMENT REPRODUIT

cet endroit de 100 mètres environ. Nous pûmes cependant le passer à gué, et à midi nous étions installés à Soucoutouro.

Je passai en ce lieu une vie vraiment délicieuse; au milieu de ces pays inconnus et que l'on représente comme sauvages, j'étais l'objet des attentions les plus délicates et d'un empressement qui ne se démentit jamais, loin de ces rumeurs, de ces divisions d'opinions, compagnes inséparables de la vie civilisée; au sein d'un calme profond, ce n'était pas sans douceur que je comparais ma vie tranquille aux agitations qui m'attendaient en Europe; mon esprit et mon cœur se reportaient bien souvent vers ma chère patrie et vers cette ville de Saint-Louis où j'avais laissé des amis qui m'étaient si chers; mais, je l'avoue, la douceur de l'amitié qui me liait déjà à l'almami, la considération dont j'étais entouré et la manifestation de ce respect qui s'attache toujours en Afrique à un homme de race blanche me faisaient aimer cette excellente population et ce pays inconnu où la nature déploie ses richesses et ses magnificences. Chaque soir l'almami Oumar me mandait près de lui; nous nous entretenions dans de longues causeries, de la France, de sa puissance, et surtout de la manière dont les blancs conduisent la guerre. Je profitai de ces bonnes dispositions pour retirer de lui la promesse qu'il emploierait tous ses efforts pour favoriser notre commerce et diriger sur Bakel ou Sed'hiou les caravanes qui traversent son pays.

J'attendais toujours, non sans impatience, l'homme que j'avais demandé à Bakel, espérant qu'il m'apporterait des marchandises et des lettres; je parlai souvent à l'almami de mon désir d'aller à Ségou et j'avais fini par obtenir de lui l'assurance qu'aussitôt mes marchandises arrivées, si le gouverneur en témoignait le désir comme je le lui avais dit, il me laisserait passer et me ferait escorter sur le territoire du roi de ce dernier pays avec lequel il entretient des relations amicales.

Vers la fin du mois, il tomba malade; suivant l'usage, personne, excepté ses femmes, ne peut le voir. Seul je fus excepté de la mesure, et il me reçut chaque fois que je me présentai.

Je commençais à désespérer de voir arriver des nouvelles de Bakel; cependant je ne voulus pas abandonner la pensée qui m'avait fait entreprendre mon voyage. Pendant la maladie de l'almami, je lui demandai la permission d'aller visiter les sources du Sénégal; il ne fit aucune difficulté pour me l'accorder, tout en me manifestant son étonnement de ce que je m'exposais à quelque fatigue pour aller examiner quelque chose qui lui semblait si peu intéressante. L'almami me fournit un guide et une escorte, et le 2 avril je partis à cinq heures du matin accompagné d'un de ses cousins et de vingt-cinq hommes armés. Nous passâmes à côté de Timbo sans nous y arrêter, et arrivés à Doubel à une heure, nous nous y installâmes pour y passer la nuit chez le chef du village, qui nous fit un très-bon accueil.

Le 3, après avoir traversé Bouria, nous arrivâmes à 10 heures 45 minutes du matin à Porédaka, situé au pied d'une montagne et non au sommet ainsi que le prétend Mollien. A six heures, nous quittâmes ce lieu ; dirigeant notre marche au S., nous traversâmes d'abord une montagne. Après en avoir gravi une seconde du nom de Dabala, assez escarpée et où la marche à cheval était impossible, nous arrivâmes à un petit bois épais et sombre, où jamais les rayons du soleil n'ont dû pénétrer : à l'extrémité de ce bois était une sorte de bassin naturel dont l'eau s'écoulait par un conduit étroit dans un second beaucoup plus petit ; de ce second bassin la source se rendait dans un troisième, d'où elle sortait avec beaucoup de force ; elle rencontre presque immédiatement des roches qu'elle franchit en formant une petite cascade. Le premier bassin me fut indiqué par mon guide et tous ceux qui m'accompagnaient comme la source du Maïo-Baléio (fleuve noir) (Sénégal) ; je recherchai avec soin l'arbre sur lequel M. Mollien avait gravé son chiffre, mais je ne pus le retrouver ; mes guides et tous les habitants du pays que j'interrogeai à cet égard m'assurèrent n'avoir jamais entendu dire qu'un blanc fût venu en cet endroit. Ce qui s'explique très-bien, puisque M. Mollien constate lui même qu'il était obligé de se cacher. Le fleuve en ce lieu court au S. E.

Je me disposais à retourner sur mes pas, lorsque mon guide me proposa de me conduire à la source du Téné (Falémé) ; je fus étonné de cette proposition, car cette indication ne se rapportait pas à ce que j'avais lu et aux renseignements qui m'avaient été fournis jusque-là. On comprendra que je dus accepter avec empressement. Nous tournâmes la montagne de Dalaba, le terrain s'élevant insensiblement, et, sur le côté opposé à celui où est située la source du Sénégal, on me montra un ruisseau, large d'environ 2 mètres, jaillissant du pied d'un rocher de granit, d'où il coule à l'O.

Je manifestai de nouveau ma surprise, et leur demandai s'ils ne commettaient pas quelqu'erreur ; ils m'assurèrent que c'était bien le lieu d'où sortait la rivière qui passait à **Kébale**. Mollien avait donc été trompé sur l'origine de la Falémé.

Nous descendîmes de là à dix heures et demie, et à 11 heures 45 minutes nous étions de retour à Porédaka, où nous couchâmes. Le lendemain nous reprîmes la route de Soucoutouro, que nous atteignîmes le 6 avril à midi. L'almami allait beaucoup mieux ; le 9, il sortit pour la première fois et le 11, il m'engagea à l'accompagner à Tsaïn. Pour faire ce voyage, il me fit cadeau d'un très-joli petit cheval.

Le 12, à 5 heures 45 minutes, nous nous mîmes en route marchant au S. E. q. E. ; à 10 heures 25 minutes nous arrivâmes à Tsaïn, ayant traversé de magnifiques roundés (maisons habitées par des captifs cultivateurs) qui toutes lui appartenaient.

Tsaïn est une sorte de château fort, situé sur une hauteur d'où l'on domine tous les chemins qui y aboutissent.

Le 14, nous allâmes rendre visite à la mère de l'almami ; partis à 8 heures 45 minutes, nous fûmes à onze heures à Sembacoum, joli village où elle réside ; elle nous avait fait préparer un repas, et nous y passâmes la journée au milieu des soins et des attentions de toute espèce.

Le 16 avril, nous quittâmes Tsaïn à six heures, et marchant E. q. S. E., nous arrivâmes à sept heures et quart à Countà ; je vis la plus délicieuse habitation que j'eusse encore rencontrée, située sur un plateau au haut d'une montagne boisée qui domine tous les alentours. La maison est entourée d'un mur en pierres sèches qui la met à l'abri d'un coup de main ; les cases, parfaitement construites, sont défendues contre les rayons du soleil par des plantations d'orangers séculaires qui embaument l'air des émanations de leurs fleurs ; les jardins bien cultivés, sont remplis de citronniers, papayers, arbres à noix de Colas, et fruitiers de toute espèce, au pied s'étendent des roundés parfaitement entretenues, séparées par des haies vives qui rappellent les campagnes de France.

Le 7 mai nous retournâmes à Soucoutouro ; j'étais décidé à revenir à Saint-Louis, sauf à reprendre plus tard mon voyage vers Ségou. Je fis part de ce dessein à l'almami qui m'annonça qu'Ibrahim, le prétendant à la couronne, voulait faire sa soumission, et qui me pria de rester auprès de lui jusqu'à ce que cette affaire fût terminée. J'ai su depuis que l'almami Oumar avait offert un cadeau considérable à un marabout influent pour décider Ibrahim à désarmer. Le 30, tout marchant à souhait vers un raccommodement, l'almami me donna mission d'aller avec son frère auprès d'Ibrahim, afin de régler avec lui les conditions de la paix et surtout d'examiner si ses dispositions étaient sincères.

Je partis le lendemain avec Jacques ; Ibrahim nous reçut très-bien, et après un palabre de deux jours, dans lequel je fus parfaitement secondé par le marabout, qui avait su prendre beaucoup d'influence sur lui, et qui lui démontra qu'en continuant la guerre il ruinait son pays et offensait Dieu en l'empêchant de faire la guerre aux infidèles, j'eus la satisfaction de rapporter à l'almami la nouvelle qu'Ibrahim était prêt à faire sa soumission sous la seule condition d'avoir la vie sauve.

Le vendredi, 6 juin, jour de salam, nous nous rendîmes en grande cérémonie à la mosquée de Timbo ; là en présence des anciens et des chefs, Ibrahim suivi de ses principaux partisans, renonça à toute prétention au trône et jura sur le Coran fidélité à l'almami Oumar.

Quelques jours après nous retournâmes à Soucoutouro ; je pressai de nouveau l'almami d'acquiescer à ma demande de départ ; il finit par y consentir et s'occupa lui-même des préparatifs ; il choisit la route du Bondou comme la plus sûre. Il dût user de son autorité pour me faire accompagner par deux de ses parents jusqu'à Saint-Louis, car ces gens lui résistaient, tant était grande la peur que leur avait inspirée M. Thompson, missionnaire Anglais, décédé à Timbo, qui leur avait représenté notre nation comme la plus méchante de la terre. J'offris à l'almami un fusil à deux coups et un sabre qu'il avait souvent admirés, c'était là tout ce qui me restait ; de son côté il me remit divers présents pour vous, Monsieur le gouverneur ; j'ai été assez heureux pour les soustraire aux périls du voyage, et les déposer entre vos mains.

Nous partîmes le 24 juin, à sept heures et demie. Mes adieux avec l'almami excitèrent respectivement notre sensibilité ; il m'avait témoigné une affection que je lui rendais bien ; il me fit promettre de revenir auprès de lui, me jura qu'il serait toujours l'ami des Français et qu'il protégerait toute sa vie et de tout son pouvoir leur personne et leur commerce.

Nous voyageâmes en caravane ; l'almami m'avait confié une de ses femmes qui allait voir son père, roi du Caman, pays où nous devions passer ; à huit heures et demie nous traversions le Bafing (Sénégal) en pirogues. Notre direction fut O. N. O. A midi nous fûmes à *Herico*, grand village situé sur les bords d'une rivière qui, coulant E., va se jeter dans le Baſing. Nous atteignîmes ce jour-là *Hérico-Torodé*, ainsi nommé parce qu'il est commandé par un Torodos (habitant du Fouta-Toro). Nous cheminâmes sans incident remarquable jusqu'au 3 juillet, jour où nous arrivâmes à Labé, seconde ville du Fouta-Djalon. On m'y assigna pour logement la maison du fils d'un Maure de Fez, qui était venu, il y avait longtemps, s'établir dans le pays.

Nous fûmes obligés de rester dans cette ville pour donner au chef le temps de réunir les provisions nécessaires pour une route de plusieurs jours. Ce fut là que j'entendis parler d'une montagne dont la cime, disait-on, était couverte de neige et qui sépare le Labé du Timbi. Je résolus d'aller la visiter et je mis ce projet à exécution. Je ne vous ferai pas, Monsieur le gouverneur, le détail de cette excursion dans ce présent rapport ; je constaterai seulement que n'ayant pas rencontré de neige, peut-être à cause de la saison de l'hivernage dans laquelle nous étions, j'y trouvai cependant des pierres d'aimant dont j'ai rapporté des échantillons. Nous partîmes de Labé le 6 juillet, le 8 nous arrivâmes à Toulou, où je fis séjourner la caravane pour avoir le temps d'aller visiter les montagnes de Badé, dans lesquelles la Gambie et le Rio-Grande prennent leurs sources. Ces fleuves sont appelés, le premier, Dinah, et le second, Coumba, par les Peulhs.

Je me mis en route à dix heures du matin pour cette destination. Marchant à l'O. N. O., nous atteignîmes vers midi le pied de ces montagnes distantes d'environ 6 milles de Toulou ; là, nous aperçûmes dans un vallon plein de végétation deux petits bois qui paraissaient excessivement touffus ; le sol était couvert d'une couche épaisse de terre végétale, et la nature y était si forte que nous eûmes beaucoup de peine à nous frayer un passage à travers les hautes herbes. Nous entrâmes dans le bois le plus rapproché, et l'on me montra la source de la Dinah (Gambie) sortant du creux d'un rocher d'un granit rougeâtre et à gros grains ; ce rocher forme, dans cet endroit, une espèce de voûte ; la source s'épanche dans deux ruisseaux peu considérables, dont l'un coulant vers le S. E. va rejoindre l'autre qui a pris la direction E. S. E. A cette jonction la Dinah présente à cette époque de l'année une largeur de 2 mètres environ. Mes guides me firent prendre ensuite la direction du N. E. et l'un d'eux, qui était le chef de Toulou, me fit entrer dans le second bois, situé à environ 1 mille du premier.

Je ne tardai pas à apercevoir la Coumba (Rio - Grande) jaillissant du sein de la terre et roulant sur des rochers dans la direction N. E. Deux torrents grossis par la pluie tombée la veille se précipitaient de la montagne pour aller rejoindre la Coumba et augmenter tout d'un coup son volume d'eau. Un peu plus loin, cette rivière prend la direction O. q. S. O. La chaleur était forte. Fatigué par le chemin que nous venions de parcourir, je m'arrêtai sous un arbre, reportant mes pensées vers M. Mollien dont le voyage n'avait laissé aucun souvenir dans la mémoire des habitants et qui, trente-cinq ans auparavant, obligé de se soustraire à tous les regards, s'était peut-être assis à la même place que moi !

A deux heures je repris le chemin de Toulou, et le lendemain nous nous remîmes en route. Le 15 juillet, nous franchissions les montagnes de Tangué. Je cherchai vainement dans ces montagnes la source dont parle Mollien ; je n'y rencontrai aucun cours d'eau ; je pense qu'il aura été induit en erreur par les renseignements des naturels. En effet, la rivière, qui, d'après les renseignements de ce voyageur, prend sa source dans le Tangué, se jetterait dans le Rio-Grande à l'O. et serait connue sous le nom de Coumba ; or, ce nom est celui que, dans la partie supérieure, les Peulhs donnent au Rio-Grande ; et lorsque nous allâmes visiter la source de ce grand fleuve, on nous dit que ce lieu s'appelait Ore-Coumba, c'est-à-dire source du Coumba.

Jusqu'au pays qui porte le nom de Tangué et qui donne ce nom aux montagnes, nous avions presque exactement suivi la route que Mollien avait prise pour aller à Timbo ; là nous la quittâmes pour ne la plus retrouver qu'à Maramacita (Boundou).

De l'autre côté du Tangué, nous trouvâmes les populations décimées par une disette affreuse ; les sauterelles avaient dévoré toutes les récoltes et les habitants ne pouvaient plus soutenir leur existence qu'au moyen d'herbes et de racines. A compter de ce jour j'eus à souffrir horriblement de la faim ; nous restâmes plusieurs fois deux jours sans manger. A ces privations qui ont affaibli ma constitution, vinrent se joindre d'autres souffrances. Mes souliers ne pouvant plus me rendre aucun service, j'avais dû me servir de sandales du pays. Peu habitué à ce genre de chaussure, mes pieds furent bientôt en sang et tout meurtris ; mais l'espoir de revoir Saint-Louis soutenait mon courage et me donnait des forces pour supporter toutes mes douleurs sans me plaindre.

Le lundi, 28 juillet, ayant traversé le Niocolo, nous arrivâmes sur les bords de la Gambie que nous dûmes passer dans une mauvaise pirogue ; dans ce trajet, Jacques, dont le dévouement est toujours en éveil et le courage toujours prêt à braver le danger, n'hésita pas à exposer sa vie pour sauver celle d'un jeune enfant de dix ans. Cet enfant, ayant imprudemment avancé son corps hors de la pirogue, suivit un des mouvements d'oscillation de l'embarcation et tomba dans le fleuve, à une faible distance d'un caïman qui montrait sa tête ! Jacques ne tenant aucun compte du danger s'élança de la pirogue. Il se fit dans ce moment un profond silence dans la caravane, chacun était tremblant, et croyait voir à chaque instant Jacques disparaître victime de son dévouement ; heureusement il n'en fut rien ; remontant avec force le courant, il avait touché terre avant que le terrible animal ait pu le saisir.

Une fois sur la rive droite de la Gambie, nous nous trouvâmes dans de grandes forêts inhabitées aujourd'hui. Ce pays a été dévasté par l'almami du Bondou qui en a détruit tous les villages, réduisant à l'esclavage leurs habitants. Il n'existe plus dans la partie que nous traversâmes que deux centres de population. Ce sont Dentilia et Mamakono.

Le 30 juillet nous pûmes atteindre ce dernier village ; toujours tourmentés par la faim ; car, depuis les bords de la Gambie, notre nourriture avait consisté en quelques racines et fruits sauvages que nous rencontrions çà et là.

Mamakono est le lieu de résidence du père de la femme de l'almami, qui voyageait avec moi ; ce village est riche par ses mines d'or et le nombre considérable d'éléphants qu'on tue aux environs. Nous comptions nous refaire en ce lieu et y oublier les horribles privations de la route ; on nous avait dit, le long du chemin, que l'abondance y régnait. Mais nous fûmes cruellement désabusés : la disette avait envahi le village, et il ne restait à ces malheureux qu'un peu de grains qu'ils conservaient pour ensemencer leurs champs ; cependant on nous y fit un accueil très-bienveillant, et, grâce à la protection de la femme de l'almami, je pus, pendant deux jours, faire un bien mince repas avec le grain appelé *foigné* ; on distribua un peu de viande à mes hommes.

Nous partîmes de Mamakono, le 1er août, n'ayant pour toute

provision qu'un jeune chevreau pour servir à la nourriture de tout le monde, c'est-à-dire d'une vingtaine d'hommes, pendant trois jours. Cette faible ressource absorbée en un seul repas, nous restâmes jusqu'au 3 sans manger et sans rien rencontrer ; heureusement, à cette date nous pûmes gagner Maramacita ; là, nos souffrances étaient finies, nous nous trouvions dans le Bondou où régnait une abondance qui était bien nécessaire au rétablissement de nos forces. Le lendemain, sûr de ne pas être inquiété dans un pays dont tous les chefs me connaissaient, je pris les devants et fis en trois jours, ce qui en demande ordinairement six aux noirs qui suivent cette route. J'arrivai le 6 août, à huit heures du soir, à Sénoudebou, où le bon accueil que je reçus et le bonheur de revoir mes compatriotes me firent bientôt oublier mes fatigues et mes souffrances.

Je me rendis de là à Bakel ; je m'y embarquai le 8 septembre sur le bateau à vapeur le *Basilic* pour retourner à Saint-Louis où j'arrivai dans la nuit du 10 au 11 du même mois.

Monsieur le gouverneur, si mon voyage n'a pas eu des résultats aussi complets que je l'espérais, s'il m'a été impossible de gagner Ségou et d'explorer l'Afrique centrale, ainsi que j'en avais le ferme désir, si des obstacles insurmontables sont venus m'arrêter dans la Fouta-Djalon, permettez-moi de vous dire que je ne crois pas mon entreprise tout à fait infructueuse.

Il m'a été donné de visiter des lieux restés jusqu'à ce jour à peu près et j'oserais dire entièrement inconnus ; j'ai tracé la route ; aujourd'hui il deviendra facile, pour celui à qui le gouvernement voudra confier une nouvelle mission, de receuillir les fruits des fatigues que j'ai endurées et des privations bien incomplétement reproduites que j'ai supportées. En ouvrant aux Français le cœur de l'almami du Fouta-Djalon, je crois avoir rendu quelques services, dès à présent à notre commerce, et plus tard à la science, lorsqu'un voyageur plus habile que moi, mais non plus dévoué, veuillez le croire, aura pénétré dans le pays que je viens de quitter. L'almami m'a promis, et il vous a renouvelé cette promesse par l'organe de ses envoyés, de diriger sur Bakel et Sed'hiou les caravanes auxquelles il imprime une direction ; il m'a juré qu'il emploierait toute son influence, et même son autorité, pour les détourner, à notre profit, des établissements anglais de la côte. Il doit inviter les chefs, ses tributaires, à favoriser notre commerce, par tous les moyens possibles. La noblesse des sentiments, l'intelligence vive qui distingue ce souverain ne me permet pas de douter que ces bonnes dispositions ne soient suivies de résultats fructueux pour nos transactions commerciales.

Aujourd'hui, j'oserais le dire, le problème qui consiste à atteindre Ségou et à porter nos investigations sur l'Afrique centrale est sinon résolu, du moins d'une solution praticable. La grande difficulté pour le voyageur ne consiste pas, selon moi, à pénétrer dans le centre de l'Afrique ; elle réside dans les obstacles qu'ont jusqu'ici opposés aux Européens les peuplades qui avoisinent les côtes ou nos comptoirs ; mais de Timbo, la route devient facile, sous la protection de l'almami du Fouta-Djalon. Je crois qu'il ne sera plus d'une difficulté insurmontable d'aller à Ségou, l'almami est allié du roi de ce pays, et Abdoulaye-Schir, chef du Massina, maître de Tombouctou, se trouve son parent. La race dominante du Massina et du Fouta-Djalon est la même. Ainsi, j'ai la ferme conviction, Monsieur le gouverneur, que le moment n'est pas éloigné où quelque Français intrépide visitera les mystérieuses contrées du centre de l'Afrique et reviendra, les mains pleines de documents utiles tout à la fois à la science géographique et au commerce.

C'est alors que Bakel, Sénondebou et Sed'hiou deviendront le centre d'un commerce considérable dont les résultats seront immenses et que Saint-Louis fera rayonner l'industrie française sur tous les points de l'Afrique centrale, peut-être même verrons-nous de nos jours se réaliser les communications, qui, parties de Bakel, faisant halte à Ségou et à Tombouctou, iront aboutir dans les contrées de l'Afrique septentrionale déjà sous la domination de la France.

Je ne terminerai pas ce rapport, Monsieur le gouverneur, sans signaler à toute votre bienveillance, Jacques Garnié, mon intrépide compagnon, mon fidèle ami ; cet homme de race noire, ancien captif, fils d'un chef du Kasso, a montré, pendant tout le cours de mes voyages, une énergie indomptable, une intelligence supérieure, une patience admirable et un courage à toute épreuve. Son dévouement pour ma personne m'a pénétré pour lui de la plus profonde reconnaissance ; souvent dans mes jours de désespoir, il m'a soutenu en me faisant entrevoir dans un avenir qui heureusement s'est réalisé, le retour vers mes compatriotes ; au milieu de la famine, il prenait sur sa part de nourriture pour augmenter la mienne ; il m'a aimé, il m'a soigné comme un frère !

Il est connu au Sénégal pour sa probité exemplaire ; permettez-moi de vous dire ici, Monsieur le gouverneur, dans l'épanchement d'un cœur vraiment touché des bontés dont vous m'avez honoré, que le signe de l'honneur serait dignement placé sur la poitrine de cet honorable citoyen, et que, si vous le demandiez et l'obteniez pour lui, la croix serait dignement portée par Jacques Garnié. C'est par cette demande que je conclus, Monsieur le gouverneur, en vous priant d'agréer en même temps l'hommage de mon profond respect et de ma vive reconnaissance.

Votre très-humble et obéissant serviteur,

Signé H. Hecquard,

Sous-lieutenant au 1ᵉʳ régiment de Spahis.

Paris, imprimerie de Paul Dupont,
Rue de Grenelle-St-Henoré, 45.